Joseph Plassmann

Meteore und Feuerkugeln mit einer Anleitung zum Notiren der Meteorbahnen

Joseph Plassmann
Meteore und Feuerkugeln mit einer Anleitung zum Notiren der Meteorbahnen
ISBN/EAN: 9783743698291

Hergestellt in Europa, USA, Kanada, Australien, Japan

Cover: Foto ©berggeist007 / pixelio.de

Weitere Bücher finden Sie auf **www.hansebooks.com**

METEORE UND FEUERKUGELN.

Mit einer Anleitung zum Notiren der Meteorbahnen.

Von

Joseph Plassmann.

Freiburg im Breisgau.
Herder'sche Verlagshandlung.
1890.
Zweigniederlassungen in *Strassburg, München* und *St. Louis*, Mo.
Wien I, Wollzeile 33: B. Herder, Verlag.

Fräulein

Auguste Heis

in freundschaftlicher Verehrung

gewidmet.

Vorbemerkung.

Der nachstehende Vortrag soll den Leser kurz und im allgemeinen über den Stand der Frage unterrichten und dadurch das Interesse in ihm erregen, welches zum Beobachten nach den am Schlusse angegebenen Regeln nothwendig ist. Eine eingehende Betrachtung der neuerdings aufgetauchten Streitfragen über die kosmische Stellung der Meteoriten musste daher unterbleiben.

Warendorf, den 2. März 1890.

J. Plassmann.

Es ist die Aufgabe der Wissenschaften, uns den innern Zusammenhang bestimmter Gruppen von Erscheinungen aufzudecken, weiterhin diese Gruppen miteinander zu verknüpfen und endlich alles auf die höchsten und letzten Wahrheiten zurückzuführen. Je weiter die Erkenntniss fortschreitet, desto deutlicher bietet sich jener Zusammenhang dem Auge dar, und häufig stellt sich dann das vorher Kleine, Unbeachtete als ein wichtiges Glied in der Kette der Ursachen und Wirkungen heraus. So erscheinen uns, je länger wir uns mit dem Studium der Weltgeschichte beschäftigen, desto mehr die grossen Haupt- und Staatsactionen, Gefechte und Friedensschlüsse als blosse Marksteine und Culminationspunkte einer viel reichern und interessanteren Entwicklung, die als Culturgeschichte den eigentlichen Inhalt des menschlichen Treibens und Wirkens überhaupt darstellt. Oder blicken wir in das bunte Reich der Pflanzen, in die vielgestaltige Thierwelt. Nicht Löwen und Elephanten, nicht Palmen und Riesenfichten sind es, in denen das geheimnissvolle Leben des Erdballes am reichsten pulsirt. Jene grossen und prächtigen Lebewesen und ihre Verwandten verleihen allerdings dem Antlitz der Erde sein charakteristisches Gepräge. Dennoch könnten sie, unbeschadet der Gesammtheit, auch wegbleiben, und in der That gehen ja die grossen reissenden Thiere des Landes, der Luft und des Wassers ihrer allmählichen Ausrottung durch die menschliche Cultur entgegen. Aber die kleinen und kleinsten Wesen der organischen Welt, die theils ganze Gebirge aufbauen, wie Diatomeen und Foraminiferen, theils die chemischen Vorgänge einleiten, die zur Ernährung der übrigen unbedingt nothwendig sind, wie so viele Spaltpilze — alle diese unscheinbaren Geschöpfe, deren Leben und Wirken die fortschreitende Wissenschaft nach und nach enthüllt hat, sie stellen die eigentliche Bevölkerung des Erdballes dar, dessen feste Rinde fast nirgendwo der Spuren gegenwärtigen oder vergangenen Lebens entbehrt.

Und Aehnliches findet in den weiten Gefilden des Weltraumes statt. Was am Himmelsgewölbe unsern Blick fesselt und der Wissenschaft das erste Arbeitsmaterial gibt, sind allerdings die Fixsterne in ihren charakteristischen Helligkeiten und gegenseitigen Stellungen. Den Raum, welcher zwischen ihnen sich ausdehnt, hat die fortschreitende Erkenntniss nach und nach ins Ungeheure vergrössert. Aber diese glänzenden Sonnen sind nicht die einzigen Bewohner des Himmelsraumes. Was schon in den beiden vorigen Jahrhunderten vermuthet wurde, nämlich dass die meisten Fixsterne von dunklen Planeten umkreist werden, das hat in neuester Zeit immer mehr an Wahrscheinlichkeit gewonnen, seitdem man die vollständige Gleichheit des Sonnenlichtes mit dem Lichte gewisser Fixsterne nachgewiesen hat, seitdem man ferner erkannt hat, dass die äussersten Planeten unseres Systems dem Fixsternzustande noch recht nahe stehen. In der Nähe des Sirius wurde erst durch Rechnung, dann auch durch Beobachtung ein äusserst schwaches Fixsternchen nachgewiesen, welches jenen glänzenden Himmelskörper umkreist und vielleicht schon nach wenigen Myriaden von Jahren zu einem wirklich dunklen Planeten sich abgekühlt haben wird. Besonders das Studium der Doppelsterne und der veränderlichen Sterne muss uns darauf führen, den Weltraum mit einer grossen Zahl von Planeten zu bevölkern, welche die an sich schon fast undenkbar grosse Zahl der Fixsterne noch erheblich übertrifft. Nur eine ganz geringe Zahl dieser Körper wird wohl jemals dem sterblichen Auge sichtbar werden. Wollten wir aber den Raum zwischen diesen Körpern für leer ansehen, wollten wir glauben, dass sie die einzigen wirklichen Himmelskörper wären, so würden wir ebenso irren, wie jemand, der den Menschen und die grossen Vierfüssler für die einzigen Erdbewohner halten wollte. Schon Kepler hat vermuthet, dass die Zahl der Kometen viel grösser ist, als man nach ihrem scheinbar seltenen Sichtbarwerden annehmen möchte; ja er glaubt, das Weltall sei mit Kometen gefüllt, wie das Meer mit Fischen — und die neueren teleskopischen Entdeckungen scheinen dem tiefblickenden Manne Recht zu geben. Obgleich manchmal von erstaunlicher Ausdehnung, sind die Kometen doch von so geringer Masse, dass dieselbe im Vergleich zur Masse der Planeten in allen Rechnungen einfach gleich Null gesetzt werden darf.

Es gibt nun aber noch eine Art von Weltkörpern, deren Masse jedenfalls noch unvergleichlich geringer, deren Zahl viel grösser als die der Kometen ist. In grossen Schwärmen, Wolken und Ringen durcheilen sie als kalte dunkle Massen den Weltraum, wandern von Sonne zu Sonne, von Planet zu Planet und füllen überall die klaffende Leere aus, welche zwischen jenen ungeheuern Kugeln ausgebreitet ist. Wie das Heer der Bakterien zu den wenigen grossen und auffallenden

Thierleibern und Pflanzenstämmen sich verhält, so vielleicht verhalten sich der Grösse und der Zahl nach jene winzig kleinen Körperchen, die man Meteoriten nennt, zu den Fixsternen und Planeten. Sie bilden die eigentliche Bevölkerung des Weltalls und namentlich auch unseres Sonnensystems.

Unsere Kenntniss von diesen Körpern befindet sich zwar nicht mehr in den ersten Anfängen, hat aber noch lange nicht jenen Grad von Durchbildung erlangt, dessen sich unsere Kenntniss der Natur und der Bewegung der Planeten oder Fixsterne erfreut. Und darum sind die Meteoriten für den Freund der Wissenschaft so interessant, weil sie während der kurzen, oft nur Bruchtheile der Sekunde umfassenden Dauer ihrer Sichtbarkeit nicht mit jener Schärfe und Feinheit beobachtet werden können, durch welche die anderen astronomischen Untersuchungen von alters her ausgezeichnet sind, wogegen die Theorie der Bewegung dieser Weltallsproletarier uns schrittweise von den einfachsten bis zu ganz verwickelten Fragen der Mathematik, Physik und Himmelskunde hinführt.

Wenn wir von ungezählten Mengen kleiner dunkler Körper reden, welche die Räume des Weltalls durchziehen sollen, dann muss eine so kühne Behauptung durch sichere Zeugnisse erhärtet werden. Es müssen Beobachtungen in grosser Zahl vorliegen, und überzeugende Rechnungen, die sich auf jene stützen. Die beobachteten Erscheinungen, die wir nunmehr näher betrachten wollen, sind die Meteore und Feuerkugeln, sowie die Aerolithenfälle.

Die Meteore (das Wort ist griechischen Ursprungs) sind Erscheinungen, die dem Leser im ganzen bekannt sind. Richtet man den Blick längere Zeit hindurch auf den klaren Nachthimmel, dann scheint es manchmal, als ob ein Stern sich ablöse, langsam oder schneller zwischen den anderen dahinführe und auf einmal verlösche. Eine schimmernde, zuweilen sprühende Lichtspur, die gewöhnlich schon bald erlischt, bezeichnet den Weg, den das fallende Gestirn zu wandeln schien. Eine freundliche Volkssage setzt wohl dieses Aufleuchten mit der Errettung eines Seelchens aus dem Fegfeuer in Verbindung; kritischere Naturen bringen das Phänomen mit dem Witterungswechsel in Zusammenhang. Die meisten achten nicht weiter darauf, und namentlich unsere Städte mit ihren einengenden Strassen und mit der grellen Beleuchtung ihrer unruhigen Nächte sind nicht geeignet, den Menschen zur Betrachtung des Himmels zu erziehen, die nach den sinnigen Worten eines altheidnischen Dichters seine natürliche Aufgabe ist. Aber der Landmann, wenn er vor der Morgenröthe zu harter Arbeit auszieht, der Seefahrer auf nächtlicher Reise, der Bahnwärter in seinem verantwortungsvollen Nachtdienst auf einsamer Strecke, sie kennen die Erscheinung in ihrer ganzen Schönheit und machen häufig Beobachtungen darüber, die des Aufbewahrens in hohem Grade würdig wären; leider sinken dieselben gewöhnlich schon bald in Vergessenheit oder können, dem Standpunkte der Beobachter entsprechend, wegen ungenauer oder doch unverständlicher Angaben nicht verwerthet werden.

Fragen wir uns, weshalb eine Erscheinung, die ebenso schön wie auffällig ist, Jahrtausende hindurch unverstanden blieb, bis es erst vor einigen Menschenaltern gelang, sie richtig anzudeuten, so stellt sich als Hauptgrund das gänzliche Missverstehen des Phänomens heraus, wodurch die wissenschaftliche Erforschung desselben von vornherein lahmgelegt wurde. Dass die Sterne nicht wirklich herabfallen, musste schon den ältesten Astronomen klar werden, von denen uns die Geschichte meldet, also den Babyloniern, Chinesen, Indern und Aegyptern. Denn sie sahen wohl das Meteor seine glänzende Bahn ziehen und wieder verlöschen, konnten aber von dem nachherigen Fehlen eines hellen oder selbst eines schwachen Sternes nichts bemerken. Auch die Vorstellung, dass die Meteore Verbrennungsproducte seien, die von den glühenden Sternen sich ablösten — eine Vorstellung, die z. B. dem unschönen deutschen Wort Sternschnuppe zu Grunde zu liegen scheint —, hat wohl niemals einen wirklich denkenden Gelehrten länger beschäftigt. Vorschnell mag man nun geurtheilt haben, die Meteore hätten überhaupt mit dem Weltall und also mit der Astronomie nichts zu thun, sie wären glänzende Lichterscheinungen, die ausschliesslich unserem Luftkreise angehörten, gleich dem Blitze, dem Nordlicht, dem Regenbogen und den Höfen um Sonne und Mond — alles Dinge, die man früher wohl allgemein mit dem Namen „Meteore", d. h. Erscheinungen in der Höhe, belegt hat. Wären aber die Meteore atmosphärischen Ursprungs, zusammengeronnen aus entzündlichen Gasen, ähnlich dem Irrlichte, so wäre es zwecklos gewesen, ihren Lauf und ihre sonstigen Eigenschaften genauer festzustellen.

Man hielt an der unrichtigen Ansicht auch dann noch fest, als gewichtige Zeugnisse, gewichtig im eigentlichen Sinne, sich gegen dieselbe erhoben hatten. Ich meine die Aerolithen, Steinmassen oder Eisenklumpen in der Masse von kleinen Splittern und Handstücken bis zu vielen Centnern aufsteigend, die an den verschiedensten Orten aufgefunden wurden und nach alten beglaubigten Zeugnissen kurze Zeit nach dem Aufleuchten sehr heller Meteore, sogenannter Feuerkugeln, unter Donnern und Brausen vom Himmel herabgefallen waren. Der schwarze Stein der Kaaba in Mekka ist einer der berühmtesten. Dass Massen von solchem Umfange und von metallischer oder felsiger Beschaffenheit nicht das Ergebniss rein atmosphärischer Verbrennungsvorgänge sein konnten, war leicht zu erfassen, und da man die Theorie nicht aufgeben wollte, mussten die Aerolithenfälle einfach geläugnet werden. Vor 100 Jahren, im Sommer 1790, trat in Frankreich ein bedeutender Steinfall ein, der von mehr als 300 Augenzeugen durch Unterschrift bestätigt, von der Pariser Akademie jedoch als Märchen verlacht wurde — vielleicht mit einem verständlichen Seitenblick auf das classische Land der Aufschneiderei, die Provinz Gascogne, über welcher der Steinregen sich entladen hatte. Aber schon bald nach diesem Urtheilsspruch der höchsten wissenschaftlichen Behörde Frankreichs wurde die herkömmliche Auffassung durch einen deutschen Gelehrten erschüttert: Friedrich Chladni, der namentlich durch seine Entdeckung der Klangfiguren bekannte Physiker, trat im Jahre 1794 in einer eigenen Schrift für die Behauptung ein, dass eine grosse, in Sibirien aufgefundene Eisenmasse kosmischen Ursprungs sei, d. h. aus dem allgemeinen Weltraum, nicht aus irdischen Lagerstätten herstamme; dasselbe suchte er für verschiedene ähnliche Massen nachzuweisen. Zwei Meteorsteinfälle, die sich noch im selben Jahre ereigneten, der eine bei Siena, der andere in der Grafschaft York, brachten schnell die deutschen und englischen Gelehrten auf die Seite

Chladni's; widerwillig folgte die französische Gelehrtenrepublik erst im Jahre 1803, als ein mächtiger, bei L'Aigle in der Normandie niedergegangener Steinregen auch den Ungläubigsten zur Einsicht brachte. Seitdem sind Meteoriten in so grosser Menge niedergegangen, dass nicht nur die Sammlungen, welche davon angelegt wurden, einen stattlichen Platz in den grossen öffentlichen Naturaliencabineten einnehmen, sondern auch bereits im Handel für einen verhältnissmässig geringen Preis Meteoritenbruchstücke zu haben sind. Die Erforschung der chemischen Beschaffenheit der Eisen- und Steinmeteoriten ist inzwischen so weit vorgeschritten, dass sie schon jetzt der Betrachtung des Weltganzen wesentliche Anhaltspunkte bietet. Zunächst hat man aus keinem Meteoriten ein neues Element, d. h. einen einfachen Grundstoff abgeschieden, der nicht auch in der Erdrinde vorkäme. Halten wir diese Thatsache mit der andern zusammen, dass nach den Ergebnissen der Spectralanalyse auch die fernsten Sonnen des Himmels in den unserer Beobachtung zugänglichen Theilen kein neues Element aufweisen, so ergibt sich, dass die Welt überall aus denselben einfachen Stoffen aufgebaut ist. Ein chemisches Element ist gekennzeichnet durch die Summe der an ihm beobachteten Eigenschaften, durch seine Verbindungen und Zersetzungen, sein Atomgewicht und seine Verbrennungswärme, seinen Schmelzpunkt und Verdampfungspunkt — alles Dinge, die sich durch Zahl und Mass ausdrücken lassen. Wir finden also, und das lehren uns eben die Meteorsteine und Meteoreisenmassen, dass der Schöpfer dieselben Verhältnisse von Mass und Zahl, die auf der Erde die reichste Mannigfaltigkeit der Erscheinungen zuwege bringen, auch im ungemessenen Weltraum zur Richtschnur gemacht hat.

Sind es nun auch dieselben Elemente, so sind es doch nur theilweise dieselben Verbindungen oder zusammengesetzten Stoffe. Von der äusserst geringen Menge gediegenen Eisens z. B., die sich auf irdischen Lagerstätten findet und irdischen Ursprunges ist, unterscheidet sich das Meteoreisen so auffallend durch einen mehr oder weniger grossen Zusatz von Nickel, dass derselbe als eines der wichtigsten Kennzeichen kosmischen Eisens bezeichnet werden muss. Nickel und Eisen verhalten sich der ätzenden Wirkung von Säuren gegenüber etwas verschieden; wenn man daher die Oberfläche eines Eisenmeteoriten polirt und dann mit verdünnter Salzsäure behandelt, treten in derselben bestimmte Figuren hervor, die eben von diesem Verhalten und von der eigenthümlichen Anordnung des Nickelzusatzes im Eisen herrühren. Diese Figuren sind seit dem Anfange unseres Jahrhunderts bekannt; man nennt sie nach ihrem Entdecker die Widmanstättenschen Figuren.

Auch die Steinmeteoriten, die häufig den irdischen Trümmergesteinen ähnlich sehen, enthalten dieselben Elemente, auch wohl vielfach dieselben chemischen Verbindungen oder einfachen Mineralien, aus denen die felsige Rinde unseres Erdballes besteht, daneben aber einige neue Verbindungen. In jüngster Zeit mehren sich die Anzeichen dafür, dass auch die Verbindungen, welche man als organische zu bezeichnen pflegt, dem Weltraume nicht gänzlich fehlen. Der Träger dieser Verbindungen ist bekanntlich der Kohlenstoff mit seiner hohen chemischen Werthigkeit und der merkwürdigen Befähigung, mit einigen anderen

Elementen Verbindungen in unbeschränkter Zahl und von höchst verwickeltem Aufbau zu bilden, Verbindungen, die der Schöpfer zur Aufnahme des niedern und höhern organischen Lebens in erster Linie bestimmt zu haben scheint. In den Jahren 1803, 1838, 1857, 1864 und 1880 sind kohlenhaltige Meteorsteine niedergegangen. Ein sehr interessanter Meteorit von dieser Art fiel zu Mighei im südlichen Russland am 9. Juni 1889 herab. Es ist das Verdienst des französischen Gelehrten Stanislas Meunier, diesen Stein genauer untersucht zu haben. Der Fremdling aus dem Weltraum besteht zu einem sehr geringen Theil aus nickelhaltigem Eisen; das übrige ist grösstentheils aus Silicatgesteinen zusammengesetzt; ein Siebentel des Ganzen ist in Salzsäure unlöslich; als dieser Theil im Sauerstoffstrom erhitzt wurde, brannte er unter lebhafter Lichtentwicklung; die Untersuchung der Verbrennungsgase ergab, dass dieser Theil zu 32 % aus organischen Verbindungen bestand. Im Wasserstoffstrome zur Rothglut erhitzt, spaltete sich die organische Substanz in Kohle und eine destillirbare Verbindung von stark bituminösem Geruch. Der filtrirte wässerige Abguss von der vollständigen Meteoritenmasse duftete wie Ambra.

Hat nun auch diese Untersuchung, wie einige früheren, das Vorhandensein von organischen Verbindungen in den Meteoriten bewiesen, so ist damit das Vorhandensein wirklicher Organismen, d. h. belebter Wesen im Weltall, noch nicht entschieden. Allerdings wird es sehr wahrscheinlich. Denn jene Verbindungen können, wenn überhaupt, immer nur auf ziemlich umständliche Weise künstlich hergestellt werden, während der Lebensprocess organischer Wesen sie unverlangt in reicher Fülle bietet. Es ist nicht abzusehen, wie solche Stoffe im Weltall auf rein chemischem Wege, also ohne Hinzutreten jenes mächtigen Hilfsmittels, der Lebenskraft, sich gebildet haben sollten. Versucht man nun aber, ein organisches Wesen sich vorzustellen, das auf einem sehr kleinen, von Natur kalten und dunkeln und einer schützenden Lufthülle völlig baren Weltkörper* bestehen soll, dann erkennt man sofort, dass unserem Wissen hier vorläufig eine hohe Schranke gesetzt ist. Vorschnell wollte man vor einigen Jahren behaupten, es sei wirklich organische Structur, also zelliger Aufbau in einigen Theilen von Meteoriten nachgewiesen; ja man war schon mit der Namengebung für die angeblich entdeckten kosmischen Pflanzenarten bei der Hand. Die behauptete Entdeckung hat sich nicht bewährt; es müssen noch zuverlässigere Zeugnisse kommen. Am wenigsten Logik haben diejenigen Gelehrten bewiesen, welche die Frage nach dem Ursprunge des Lebens auf der Erde mit Hilfe dieser Meteoriten beantworten zu können glaubten. Um den Schöpfer zu depossediren, musste ein von kleinen Organismen bewohnter Meteorit der Erde begegnen und in feurigem Glanze herniederfahren; nachdem seine Schmelzrinde gesprungen und verwittert war, übertrug das zerfallende Innere den zarten Keim des organischen Lebens auf unsern Planeten, und von diesem Keime stammt Baum und Strauch, Mensch und Vieh nach einigen tausend Zwischenstufen ab. Sollte die Wissenschaft sich einmal mit dieser Kolonialpolitik

---

* Vielfach werden die Aerolithen für Bruchstücke von sehr grossen Weltkörpern, etwa von Planeten, gehalten. Aber von den hierfür vorauszusetzenden Zerstörungskräften kann man sich wiederum nur schwer eine genügende Vorstellung bilden.

der Meteoriten wirklich befreunden und dabei über das Bedenken hinwegsetzen können, dass ein Lebewesen, welches plötzlich auf unsern Erdball mit seinem Wassergehalt, seinem Luftdruck und seiner Schwerkraft versetzt wird, doch eine ziemlich hohe Anpassungsfähigkeit besitzen müsste, um sich ohne weiteres zu acclimatisiren — sollte alles dieses möglich sein, so wäre doch die Frage offenbar nur hinausgeschoben, nicht endgiltig beantwortet; denn wer sagt uns denn, woher die Meteoriten selbst ihre Einwohnerschaft erhalten haben? Irgendwo muss doch die Materie zuerst organisirt worden sein, und das konnte nur durch ein unmittelbares Eingreifen der Allmacht geschehen. Warum dann nicht auch gleichzeitig oder doch nacheinander an verschiedenen Orten?

Soll es der Naturforschung dermaleinst gelingen, die Spuren des Lebens in den Meteoriten deutlich nachzuweisen, vielleicht so deutlich, wie etwa in den Gesteinsschichten und Kohlenflötzen der Erde, dann muss noch eine viel grössere Anzahl von Meteoriten untersucht werden, als bisher geschehen ist. Eine leichte Ueberlegung zeigt, dass die Anzahl der überhaupt niederfallenden Meteoriten ungemein gross sein muss. Die meisten, nämlich fast drei Viertel vom Ganzen, werden ja ins Meer oder in die Flüsse hinabstürzen, von dem Rest abermals ein grosser Theil in ausgedehnte Wüsten, wie die Sahara oder Gobi, wo fast niemals der Boden näher untersucht wird, oder in die sehr ausgedehnten unwirthlichen Polargegenden und Hochgebirge, endlich in tropische Gebiete, wo ein einziger Gewitterregen jede Spur von ihnen vertilgen kann. Die geringe Bodenfläche, die nun noch übrig bleibt, ist bekanntlich grossentheils mit Wald, Heide und Moos bestanden. Aber auch die Meteoriten, welche in bewohnten Gegenden herabfallen, sind ihrer Entdeckung nicht sicher. Jedem derartigen Fall geht zwar eine Entzündung der Meteoriten in der Atmosphäre und eine Detonation voraus; beides wird aber selbst von gebildeten Leuten häufig übersehen und überhört; zudem muss bedacht werden, dass in unseren Breiten weit mehr als die Hälfte der 8800 Stunden eines Jahres in die helle Tagesbeleuchtung fällt, wo häufig, wenn auch nicht immer, der Feuerschein verborgen bleibt und die Detonation manchmal für Donner im gewöhnlichen Sinne des Wortes gehalten werden mag.

Freilich folgt nicht jeder Feuerkugelerscheinung eine Detonation, und in den seltensten Fällen findet man, dass ihr ein Meteoritenfall folgt. Die schwächer leuchtenden Meteore hinterlassen meist gar keinen nachweisbaren Rückstand ausser ihrem sogenannten Schweif, der zuweilen mehrere Sekunden, in ganz seltenen Fällen mehrere Minuten lang in der Luft stehen bleibt, kleine Bewegungen ausführt, aber zuletzt durch fortschreitende Abkühlung und Zertheilung unsichtbar wird. Beim Volke findet sich freilich noch vielfach die irrthümliche Annahme, dass gewisse stark gequollene Massen, die man nach dem Regen zuweilen im Grase findet, von Sternschnuppen herrühren. Dieselben sind jedoch längst als organische Stoffe erkannt worden, die immer der Erde angehört haben, z. B. als unverdauliche Organe des Frosches, die von einem Raubvogel ausgeworfen und später durch den Regen zum Quellen gebracht wurden. Im „Walpurgisnachtstraum" in Göthe's Faust sagt eine solche „Sternschnuppe" von sich:

> Aus der Höhe schoss ich her
> In Stern- und Feuerscheine,
> Liege nun im Grase quer,
> Wer hilft mir auf die Beine?

— ein treffendes, aber doch irrthümliches Bild mancher litterarischen oder politischen Grösse.

Können wir nun auch die meisten Meteoriten, die unsere Atmosphäre streifen, nicht im Laboratorium untersuchen, so haben wir doch andere Mittel, uns über ihr Wesen Auskunft zu verschaffen. Die Mittel bestehen vorzugsweise in der Bahnbestimmung. Ein jedes Meteor leuchtet zuerst plötzlich auf, fährt dann mit schwächerem oder stärkerem Glanze dahin und erlischt zuletzt langsamer. Es gibt nun eine Methode, die Entfernung eines solchen Meteors von der Erde sowohl beim Aufleuchten als auch beim Verschwinden mit annähernder Genauigkeit zu berechnen. Diese Methode wurde zuerst gegen Ende des 17. Jahrhunderts ziemlich gleichzeitig von dem sächsischen Theologen Georg Samuel Dörfel und dem italienischen Astronomen Montanari angewandt, ist jedoch erst im Jahre 1798 von Benzenberg und Brandes in Göttingen systematisch auf viele Meteore ausgedehnt und seitdem in verschiedenen Abänderungen beibehalten, bezw. verbessert worden. Nehmen wir an, man habe eines Abends um 9 Uhr 27 Minuten in Aachen ein helles Meteor erblickt. Dasselbe sei genau im Norden in einer Winkelhöhe von $65°$ aufgeleuchtet, am Zenith vorbei über den Südhimmel weggezogen und zwischen Südost und Südsüdost in einer Höhe von $20°$ erloschen. In Köln soll genau zur selben Zeit ein ähnliches Phänomen erschaut worden sein, nämlich um 9 Uhr 30,5 Minuten Kölner Zeit, was 9 Uhr 27 Minuten Aachener Zeit entspricht. Der Kölner Beobachter sah das Meteor genau im Nordwesten aufleuchten und im Süden unter Zerplatzen verschwinden, erinnert sich jedoch nicht, in welcher Höhe beides stattfand. Dennoch gestatten diese beiden Notizen verschiedene Schlüsse. Der Ort auf der Erde, über welchem die Erscheinung aufleuchtete, muss offenbar nördlich von Aachen, aber nordwestlich von Köln liegen; ein Blick auf die Landkarte zeigt uns, dass er sich etwas westlich von Venlo befindet. In ähnlicher Weise ergibt sich, dass das Meteor über der Gegend von Saarbrücken zerplatzt ist. Handelt es sich um eine Feuerkugel ersten Ranges, die voraussichtlich mit einem Meteoritenfall verbunden war, so wird man, da die Bruchstücke des zerplatzten Weltkörpers sich oft sehr weit zerstreuen, im südlichen Theil des Regierungsbezirkes Trier, im nordöstlichen Lothringen, vielleicht auch in Birkenfeld und der Rheinpfalz nach weiteren Beobachtungen sich sorgfältig erkundigen und dann vielleicht auch von einer in jenen Gegenden gehörten Detonation einige Nachrichten empfangen. Ist aber auch gar kein Bruchstück herabgefallen, so kann man wenigstens die Bahn des Meteoriten berechnen. Die in Aachen angestellte Beobachtung bezog sich nämlich auch auf die scheinbare Höhe des Aufleuchtens und des Erlöschens. Zwischen dem Punkte des Aufleuchtens, dem darunter gelegenen Punkte der Erdoberfläche, also einem Punkte bei Venlo und endlich dem Orte der Stadt Aachen, besteht nun ein Dreieck, welches bei Venlo rechtwinklig ist. Ausser dem rechten ist uns noch ein spitzer Winkel, nämlich der bei Aachen, gegeben; derselbe ist offenbar gleich der beobachteten Winkelhöhe von 65°; ferner eine Seite, nämlich die

Linie von Aachen nach Venlo. Wir dürfen diese Linie als gerade betrachten, weil die Erdoberfläche zwischen zwei so nahe zusammenliegenden Punkten nicht erheblich gekrümmt ist. Die Linie ist aber 65 km lang, wie wir durch Ausmessung auf der Landkarte erfahren. Die Zeichnung des Dreiecks mit dem Transporteur und verjüngten Massstabe oder auch die trigonometrische Rechnung ergibt dann die zweite Kathete des Dreieckes, nämlich die Höhe beim Aufleuchten, zu etwa 140 km. Die Höhe beim Erlöschen über Saarbrücken ergibt sich genau in derselben Weise zu 30 km. Ist auch in Köln die Winkelhöhe beobachtet, so hat man eine gute Controle für die Richtigkeit der Rechnung und für die wirkliche Identität beider Erscheinungen. Ein besonders glücklicher Zufall wäre es, wenn man in Saarbrücken die Beobachtung gemacht hätte, dass die Detonation anderthalb Minuten nach dem sichtbaren Zerplatzen gehört wurde. Man würde dann, weil der Schall in drei Sekunden 1 km zurückgelegt, die Explosionshöhe von 30 km bestätigt finden. Ferner kann man durch Rechnung oder Zeichnung die Länge des Weges ausfindig machen, den der Meteorit während seiner Sichtbarkeit zurückgelegt hat; und wenn dann ein geschickter Beobachter auch die Anzahl der Sekunden bestimmt hat, die während der Sichtbarkeitsdauer verflossen sind, dann weiss man auch, wie viel Kilometer in jeder Sekunde zurückgelegt wurden. Von der hierbei gemachten Voraussetzung, dass die Bahn eine gerade Linie sei, geht man ohne zwingende Gründe nicht ab.

Die Angabe der Hauptpunkte der Bahn nach Himmelsgegenden ist immer mit einer gewissen Unsicherheit verbunden; es gibt ein viel genaueres Verfahren, nämlich die Notirung nach Sternkarten. Obgleich die Meteore, wie sich aus der Höhenbestimmung ergibt, uns unvergleichlich näher sind als alle Sterne, ja gewöhnlich noch über tausendmal näher als der Mond, sonst bekanntlich der nächste Himmelskörper, so scheinen sie doch zwischen den Sternen sich zu bewegen. Da nun die Richtung, in welcher ein Stern von der Erde aus gesehen wird, sich jederzeit leicht und mit grosser Genauigkeit angeben lässt, so hat man nur den scheinbaren Lauf eines Meteors zwischen den Sternen und die Beobachtungszeit genau zu notiren, und man ist von jeder Untersuchung in Betreff der Himmelsgegend und der scheinbaren Winkelhöhe dispensirt. Man trägt die scheinbare Bahn in eine gute Sternkarte ein oder drückt auch den Anfangs- und Endpunkt der Bahn in dem Gradnetze dieser Karte aus.

Zu gewissen Zeiten fallen die Meteore in grosser Zahl, und indem man nun an zwei benachbarten Orten dieselben sorgfältig beobachtet und zur Controle der Zeitnotirungen sich des Telegraphen bedient, bekommt man das Material zur Höhenbestimmung ziemlich vieler, auch schwächerer Meteore. Derartige Bestimmungen sind seit Benzenbergs ersten Arbeiten vielfach ausgeführt worden. In Deutschland erfreuen sich die Höhenbestimmungen von Heis einer besondern Berühmtheit. Es sind jetzt nahezu 50 Jahre verflossen, seitdem dieser verdienstvolle, im Jahre 1877 zu Münster verstorbene Astronom seine regelmässigen Beobachtungen in Aachen eröffnete, wobei er sich seiner Schüler an der Realschule als Mitbeobachter bediente. Die correspondirenden Beobachtungen wurden zu Mons in Belgien, zu Herbesthal bei Aachen und an anderen Orten des Rheinlandes angestellt. Nach seiner Berufung an die Münsterische Akademie dehnte Heis die Beobachtungen immer weiter aus und wusste allmählich das nordwestliche Deutschland mit einem Netz von Stationen zu überziehen. Nächst Heis verdankt man auch dem gleichfalls verstorbenen Athener Astronomen Schmidt, sowie verschiedenen italienischen, österreichischen, englischen und amerikanischen Astronomen ein so reiches Beobachtungsmaterial, dass aus den theoretischen Schlüssen allmählich jene Unsicherheit verschwindet, an der die Einzelbeobachtungen leiden.

Eines der wichtigsten Beobachtungsergebnisse ist die Thatsache, dass die Meteoriten sich immer abwärts bewegen, d. h. dass der Endpunkt der Bahn stets näher bei der Erdoberfläche liegt, als der Anfangspunkt. Die hierüber nach den Beobachtungen von Benzenberg und Brandes noch zurückgebliebenen Zweifel sind durch spätere scharfsinnige Rechnungen zerstreut worden. Diese Thatsache belehrt uns nun darüber, dass die Meteore, die wir sehen, wirklich alle aus dem Weltraum stammen und keine atmosphärischen Gebilde sind. In verhältnissmässig wenigen Fällen gelang es, die Geschwindigkeit der Bewegung mit einiger Annäherung zu bestimmen. Es zeigte sich, dass diese Geschwindigkeit sich stets mit derjenigen des Erdballs auf seiner Bahn vergleichen lässt, indem sie 20, 30, ja 50 km in der Sekunde betragen kann. Das sind Geschwindigkeiten, welche denen unserer besten Geschütze sehr weit überlegen sind. Die mechanische Wärmetheorie zeigt, dass ein kalter dunkler Körper, der mit einer solchen Geschwindigkeit in die Atmosphäre des Erdballs eindringt, infolge der Reibung sich bis zu hoher Glut erhitzen muss. Ist es ein kleiner Körper, so wird er vollständig verbrennen oder verdampfen; seine

Asche zertheilt sich in der Luft und geht für die Beobachtung verloren. Grössere Massen jedoch erhalten nur eine äussere Schmelzrinde und verlieren durch denselben Reibungswiderstand, der sie zum Erglühen bringt, noch vor der gänzlichen Zerstörung die Bewegungsenergie; sie müssen dann, oft nach vorherigem Zerplatzen, als Aerolithen zur Erde fallen. Noch andere mögen, wenn sie nur die obersten Schichten der Atmosphäre streifen, mit dem blossen Schrecken davonkommen. Dass manche zu dauernden Begleitern oder Trabanten des Erdballs werden, ist nicht unwahrscheinlich; sie müssen dann aber, um eine regelmässige Bahn ziehen zu können, ausserhalb der Atmosphäre und damit für uns ausserhalb der Wahrnehmung bleiben.

— Die kosmische Theorie der Meteore erklärt also zwanglos das plötzliche Aufleuchten und nachherige Erlöschen der Meteore; weiterhin die so häufig beobachtete Schweifbildung, die in einem Absplittern verbrannter und durch die Reibung im Laufe verzögerter Massen zu bestehen scheint; ferner das zuweilen wahrgenommene Zerfallen einer weissen Feuerkugel in mehrere rothe Kügelchen. Kleinere Körper kühlen sich nämlich schneller ab, als grössere, und die helle Weissglut geht vor dem Erlöschen erst in Rothglut über. Das Zerplatzen des Meteors bewirkt die Detonation; derselben folgt häufig ein längeres, dem Rollen des Donners vergleichbares Getöse, das vom Hereinbrechen der Luft in den vom Meteoriten verlassenen Raum herrührt. Warum wir dieses Geräusch nach der Explosion und eine geraume Zeit hindurch vernehmen, erklärt sich aus der geringen Schnelligkeit, mit welcher der Schall fortschreitet. Das vorhin fingirte Meteor, welches über Venlo aufleuchtete und über Saarbrücken erlosch, möge uns als Beispiel dienen. In Saarbrücken hört man zuerst die einem Kanonenschuss ähnliche Explosion, weil die Stelle, an welcher dieselbe eintrat, dem Beobachtungsorte am nächsten liegt. Nach und nach kommt der vom Zusammenschlagen der Luft herrührende Schall von immer entfernteren Punkten der langen Bahn beim Beobachter an, und so entsteht ein ununterbrochenes Rollen. Auch erklärt es sich nun, weshalb die Aerolithen immer nur mit einer relativ geringen Geschwindigkeit zur Erde niederfallen und daher sich nicht besonders tief einbohren. Ihre kosmische Schnelligkeit war ja durch die Reibung vollständig zerstört worden, und sie fielen nun einfach herab wie ein losgelassener Stein.

Freilich hat die kosmische Theorie der Meteore noch nicht alle Erscheinungen zwanglos erklärt. Zu denjenigen, welche noch nicht hinreichend gedeutet sind, gehört z. B. die Thatsache, dass die hellsten Meteore gewöhnlich in den grössten wahren Höhen aufleuchten, schwächere dagegen meist in geringerer Höhe. Lässt man den Meteoriten nur durch die Reibung an der Atmosphäre sich entzünden, so ist nicht abzusehen, wie gerade in den grössten Entfernungen von der Erdoberfläche, wo die Luft bereits einen hohen Grad der Verdünnung erreicht hat, die Wirkung sich am stärksten äussern sollte. Man hat diesen Umstand auf verschiedene Weise mit der Theorie zu reimen versucht, auch z. B. durch Heranziehung der in Verlegenheitsfällen so beliebten Elektricität. Sehr helle Feuerkugeln gleichen in der That, namentlich beim ersten Aufleuchten, oft in so merkwürdiger Weise dem elektrischen Bogenlichte, dass wohl jeder, der dieses einmal gesehen hat, auch ohne alle Kenntniss der Theorie schon auf den Vergleich gekommen ist. Indessen darf diese beachtenswerthe Aehnlichkeit der Farbe noch nicht als Beweis angesehen werden. Vielleicht ist auch die Ursache, welche jene Wahrnehmung des Explodirens der hellsten Meteore in den grössten Höhen veranlasst, rein äusserlich. Die Beobachtungen von Heis haben ergeben, dass die Anzahl derjenigen Meteore, deren Höhe sich durch Vergleich mit auswärtigen Beobachtungen berechnen lässt, gegenüber der Anzahl der an einem Orte überhaupt beobachteten Meteore sehr gering ist. Die grösste Wahrscheinlichkeit, als identisch erkannt zu werden, haben offenbar die hellsten Meteore, in erster Linie die Feuerkugeln; daher wird ihre Identität auch dann nachgewiesen, wenn sie an sehr weit entfernten Orten beobachtet werden, was offenbar nur dann möglich ist, wenn sie selbst in bedeutender Höhe erschienen sind. Um dagegen zwei schwache Meteore, die an verschiedenen Orten beobachtet sind, als identisch nachweisen zu können, muss man schon Orte wählen, die nicht zu weit auseinander liegen, weil mit der Entfernung auch die Anzahl derjenigen Sternschnuppen wächst, die nicht an beiden Orten auf einmal erblickt werden und also die Uebersicht erschweren. Sind aber die Orte nahe zusammen, dann kommen eben auch geringere Höhen in Betracht.

Gleichfalls noch sehr unsicher sind die **Farbenbeobachtungen** bei Meteoren. Ganz einwurfsfreie und in Zahlen auszudrückende Farbenangaben liefert eigentlich nur das Spectroskop. Es liegt aber in der Natur der Sache, dass dieses Instrument nur selten auf Meteore, und dann nur auf glänzendere, angewendet werden kann, und dass immer eine besondere Uebung zum Erkennen eines so rasch verschwindenden Farbenbildes gehört. In der That konnten geschickte Beobachter nachweisen, dass viele Meteore wirklich feste, glühende Körper sind; andererseits wurden ausser der leicht erkennbaren Natriumlinie noch die Linien verschiedener anderer Metalldämpfe, z. B. des Magnesiumdampfes, nachgewiesen. Noch interessanter ist wohl der Nachweis, dass einige Meteorspectra mit denen bekannter Kohlenwasserstoffe Aehnlichkeit haben; denn er deutet, gleich der chemischen Untersuchung der festen Aerolithen, auf das Vorhandensein organischer Verbindungen im fernen Weltraume hin. Für die meisten Meteore ist man aber doch in Betreff der Farbenbeobachtung auf die Schätzungen mit freiem Auge hingewiesen. Wie sehr diese Schätzungen von der Subjectivität des Beobachters beeinflusst werden, lehrt ein von mir angestellter Vergleich der grossen Meteorkataloge von Schmidt und Heis. Schmidt notirt von allen farbigen Meteoren überhaupt $16^0/_0$ als roth, $68^0/_0$ als gelb, $16^0/_0$ als grün, aber kein einziges als blau. Heis hat dagegen $61^0/_0$ rothe, je $5^0/_0$ gelbe und grüne und volle $29^0/_0$ blaue Meteore. Meine eigenen Schätzungen kommen in Bezug auf Blau und Grün denen von Heis nahe, während andererseits die Zahlen aufweisen, dass ich viele Meteore gelb nenne, die Heis als rothe bezeichnen würde. Um also den Einfluss der Persönlichkeit des Beobachters zu eliminiren, wird man noch ein viel grösseres Material verarbeiten müssen, und es ist bei allen künftigen Beobachtungen die Farbe sorgfältigst zu notiren. Vielfach zeigt sich übrigens auch ein Farbenwechsel.

Die chemische Untersuchung der Meteoriten und ebenso die Höhenbestimmung der helleren Meteore, die keine Steinfälle liefern, hat uns unzweideutig darüber belehrt, dass wir es mit Ankömmlingen aus einer andern Welt zu thun haben. Eine vernünftige Induction dehnt den Schluss noch weiter aus auf die zahlreichen Meteore, deren Höhe niemand bestimmt hat und die keinen wahrnehmbaren Rückstand liefern, namentlich auf die unermessliche Zahl der teleskopischen Meteore. Sollte aber hierüber sich noch ein Zweifel erheben, so hat die Wissenschaft noch weitere unwiderlegliche Beweise in Händen, die wir jetzt uns ansehen wollen, wenigstens in ihren Grundzügen.

Diese Beweise sind hergenommen von den beobachteten Aenderungen der Häufigkeit der Meteore in jeder Nacht und in jedem Jahre, sowie von ihrer Radiation aus bestimmten Punkten.

Die Zahl der aufleuchtenden Meteore ist im allgemeinen abends bald nach dem Dunkelwerden am geringsten und nimmt dann stetig zu, bis sie in den Morgenstunden vor der Dämmerung ihr Maximum erreicht. Der Landbevölkerung ist diese Thatsache hie und da wohlbekannt; sie erklärt es auch, warum gerade Landleute, da sie häufig vor der Morgendämmerung aufzustehen gezwungen sind, so oft glänzende Feuermeteore beobachten. — Eine irdische Ursache hierfür lässt sich nicht ausfindig machen. Wären die Meteore Dunstgebilde unserer atmosphärischen Luft, warum sollten sie eine so regelmässige Periode der Häufigkeit befolgen? Leicht und einfach dagegen erklärt sich die Sache durch die kosmische Theorie, und es ist das Verdienst des grossen italienischen Astronomen Schiaparolli, diese Erklärung zuerst in aller Schärfe gegeben zu haben. Er vergleicht den Erdball mit einer abgeschossenen Kanonenkugel und die Meteoriten mit einem grossen Mückenschwarme, durch welchen die Kugel hindurchfliegt. Offenbar wird derjenige Punkt der Kugeloberfläche, welcher bei der Bewegung vorangeht, die meisten Mücken erschlagen. Einzelne werden freilich auch von den übrigen Theilen der vordern Kugelhälfte weggerissen werden. Sind die Mücken selbst in sehr schneller Bewegung, die mit der Bewegung der Kugel vergleichbar wird, und fliegen sie kreuz und quer nach den verschiedensten Richtungen, so werden sie sich an allen Punkten der Kugel ansetzen können, aber doch wieder in der überwiegenden Mehrzahl am vorangehenden Punkte. Nur in dem einzigen Falle, dass der ganze Schwarm in derselben Richtung und ebenso schnell fortschreitet, wie die Kugel, werden die hin- und herfliegenden einzelnen Thierchen gleichmässig an der ganzen Kugelfläche sich anhäufen; oder, um die Folgerung aus dem Vergleich zu ziehen: wenn die Meteoriten der Erde selbst, etwa ihren höchsten Luftschichten angehören, also mit der Erde durch den Weltraum ziehen und ausserdem einzeln noch ihre besonderen Bewegungen ausführen, werden sie an allen Punkten der Erdoberfläche in gleicher Anzahl aufleuchten. In jedem andern Falle bekommt derjenige Punkt des Erdballs, welcher zufällig bei der Bewegung um die Sonne vorangeht, den dichtesten Hagel von Meteoriten. Die Lage dieses Punktes wechselt beständig, weil die Erde sich nicht nur um die Sonne, sondern auch um ihre eigene Achse dreht; er liegt aber stets in der heissen Zone. Eine ganz einfache Ueberlegung zeigt nun, dass ein bestimmter Punkt der Erdoberfläche diesem vorangehenden Punkte jedesmal gerade in den Morgenstunden am nächsten ist, und zwar durchschnittlich um 6 Uhr. Wir haben also, theoretisch betrachtet, ungefähr um 6 Uhr morgens die meisten Meteore zu erwarten. Die angestellten Untersuchungen des Beobachtungsmaterials haben nun freilich eine etwas frühere Stunde für das Maximum ergeben; diese Abweichung ist aber eine nothwendige Folge verschiedener Nebenumstände, z. B. des Dämmerungslichtes, welches den Tagesanbruch in unseren Gegenden um $^3/_4$ Stunden verfrüht und noch etwas eher den Himmel bereits derart erleuchtet, dass viele schwächere Meteore unsichtbar bleiben.

Wir haben also einen weitern, nämlich einen geometrischen Beweis dafür erhalten, dass der Weltraum oder mindestens unser Sonnensystem von grossen Schaaren winziger Körperchen bevölkert ist. Denken wir uns dieselben an irgend einer Stelle in grösserer Menge aufgehäuft und stellen wir uns weiter vor, dass der Erdball an einem bestimmten Tage, etwa dem 10. August 1889, diese Stelle durchfliegt. Die Reibung an der Atmosphäre wird dann einen aussergewöhnlich grossen Theil der Meteoriten zum Aufflammen bringen, wir werden das glänzende Schauspiel eines grossen Meteorschauers haben. Und wenn die Anhäufung an dieser Stelle des Weltraums nicht plötzlich stattfindet, sondern ganz allmählich durch immer grösser werdende Dichtigkeit von allen Seiten her vermittelt wird, so werden wir schon an den vorhergehenden Tagen, vielleicht vom 3. August an, die Häufigkeit der Meteore nach und nach zunehmen und später an den Tagen, welche dem 10. folgen, ebenso allmählich abnehmen sehen, etwa bis zur Mitte des Monats. Wann haben wir nun wieder eine so glänzende Erscheinung zu erwarten? Offenbar dann, wenn die Erde nach einem Jahre wieder an demselben Punkte des Weltraums angelangt ist, d. h. um den 10. August 1890; und so alljährlich am 10. August und den unmittelbar vorhergehenden und folgenden Tagen.

Und die Erfahrung bestätigt nun auch dieses. Alljährlich treten die grossen Meteorschauer an ganz bestimmten Monatstagen auf, während den übrigen Theil des Jahres hindurch nur relativ wenige Meteore fallen. So sind die Meteore am 2. und 3. Januar in grösserer Zahl zu beobachten, ferner vom 9.—11. und vom 20. bis 22. April, vom 25.—30. Juli, vom 15.—23. October und vom 7.—13. December. Die auffallendsten Erscheinungen finden jedoch im August und vom 11. bis 13. November statt. An klaren Augustabenden erscheint oft der Himmel „von glühenden Meteoren ganz gestreift", um mit Shakespeare zu reden. Dabei ist zu bedenken, dass die Meteorschauer gleichzeitig auf einem sehr grossen Theile der Erdoberfläche, in den verschiedensten Klimaten zu sehen sind, und dass darum der Gedanke, sie hätten irgendwie mit der Witterung zu thun, von vornherein sich als unwahrscheinlich darstellt. Sie würden sich dann auch wohl, ähnlich den Maifrösten oder den Regenschauern im Juli, manchmal um einige Tage verfrühen oder verspäten; aber nein, sie treten immer an denselben Monatsdaten auf und beweisen somit unwiderleglich den Ursprung der Meteoriten aus dem Weltraume.

Nun dürfen wir uns aber nicht denken, dass ein Schwarm von Meteoriten im Weltraum ruhig stehen bleiben könnte. Dann würde er ja längst von der Sonne oder irgend einem Planeten herabgezogen sein. Nein, die Meteoritenschwärme müssen sich, wie die Planeten und Kometen, um die Sonne bewegen, wenn ihr Bestand gesichert bleiben soll. Dann dürfen wir aber den Schwarm nicht als eine isolirte Wolke von

Körperchen auffassen, sondern müssen ihn für einen grossen Ring von Meteoriten halten, der beständig um die Sonne kreist. Der Ring ist nicht genau kreisförmig, sondern stark elliptisch; seine Gestalt erhält sich dadurch, dass jedes einzelne Körperchen nach den gleichen Gesetzen die Sonne umwandert. Einer Wolke von Meteoriten könnten wir nicht jedes Jahr begegnen, weil sie selbst am Wandern ist; den Ring passiren wir alljährlich, obwohl immer andere Theile desselben ihren Tribut an die Erde zahlen müssen. Sind die Meteoriten in dem Ringe gleichmässig vertheilt, so werden wir alljährlich ungefähr die gleiche Zahl von Meteoren an dem zugehörigen Monatsdatum erhalten. So scheint es mit dem August-Schwarm bestellt zu sein, da wir alljährlich um den 10. August die Meteore in ziemlich gleicher Zahl aufleuchten sehen — abgesehen von dem sehr starken Einflusse der Witterung und des Mondscheins auf die Wahrnehmbarkeit des Phänomens. Anders, wenn ein meteorischer Ring an bestimmten Stellen Anhäufungen zeigt. Denken wir uns, die Theilchen eines Ringes hätten eine solche Lage, dass sie in etwa 33 Jahren die Sonne umlaufen müssten; an einer Stelle des Ringes wären sie in besonders grosser Zahl vorhanden, und diese Stelle sei von unserer Erde am 12. November 1833 gekreuzt worden. Es fand dann ein besonders reicher Sternschnuppenfall statt. Im nächsten Jahre, wieder am 12. November, hat die Erde abermals den Ring geschnitten, aber die Verdichtungsstelle war jetzt anderswo. Erst als dieser reichhaltigste Theil des Schwarmes einen Umlauf um die Sonne vollendet hatte, also nach 33 Jahren, am 12. November 1866, fand wieder ein Zusammentreffen des Theiles mit der Erde statt. Dasselbe wird für das Jahr 1899 zu erwarten sein. Wir reden nämlich von einer wirklichen Beobachtungsthatsache. Die November-Meteore sind thatsächlich meistens nicht sehr auffallend, erreichen aber alle 33 Jahre eine ungeheure Frequenz. Beglaubigte Nachrichten über diesen Schwarm reichen in weit entlegene Zeiten zurück. Denken wir uns jetzt den Erdball im Anfang August auf seiner Reise um die Sonne begriffen. Allmählich nähert er sich dem mächtigen Ringe der August-Meteore, den er während eines halben Monats durchlaufen soll. Schon erscheinen die ersten Sturmvögel des Himmels: gelbe Meteore mit langen Schweifen und langsamer Bewegung. Es ist klar, dass dieselben vorzugsweise aus einer bestimmten Gegend kommen werden, die uns eben den Ort des Schwarmes verräth. Aber wie sollen wir diese Gegend bestimmen? Die gewöhnlichen Bezeichnungen durch Himmelsgegenden können hier nicht helfen, da sie auf irdische Verhältnisse zugeschnitten sind. Hier helfen uns nun wieder die Fixsterne, die uns schon einmal zur Orientirung dienen mussten. Denken wir uns einige tausend Körperchen des Schwarmes, die uns so nahe gerathen, dass sie der Anziehung der Erde zum Opfer fallen und in unserer Atmosphäre verbrennen. Die Bewegung eines solchen Theilchens in Bezug auf die Erde setzt sich zusammen aus der eigenen Bewegung des Theilchens, die durch die anziehende Kraft der Erde abgeändert wird, und aus der Bewegung der Erde um die Sonne. Jedenfalls ist es klar, dass die vielen kleinen Körper ganz ähnlich gelegene, d. h. unter sich nahezu parallele Bahnen durch die Atmosphäre beschreiben werden. Jede dieser Bahnen zeigt, rückwärts verlängert, auf dieselbe Stelle des Fixsternhimmels, weil dieser selbst viel weiter von der Erde entfernt ist, als der Meteorschwarm. Für die August-Meteore liegt dieser Punkt im Sternbilde des Perseus, und man nennt sie darum Perseiden; ähnlich werden die Meteore des April-Schauers als Lyriden, die des 1. November-Stromes als Leoniden bezeichnet, nach den Sternbildern der Lyra und des Löwen. Der allgemeine Name für einen solchen Punkt ist **Radiationspunkt** oder Ausstrahlungspunkt, auch wohl Radiant. Derselbe ist eigentlich kein fester **Punkt** im Weltraum, sondern nur eine feste **Richtung**, die dann zufällig mit der Richtung übereinstimmt, in der wir bestimmte Sterne des Perseus, der Lyra oder des Löwen sehen. Er hat also mit den Sternen des Perseus u. s. w. an sich nichts zu thun. Von dem Radiationspunkt gehen scheinbar die Meteorbahnen aus; nicht als ob jedes Meteor gerade in diesem Punkte aufzuleuchten schiene; aber wenn man die beobachteten scheinbaren Bahnen in der früher angegebenen Weise alle auf eine entsprechend construirte Sternkarte zeichnet und nach rückwärts verlängert, so schneiden sich die Verlängerungen alle in jenem Punkte. Will es ein günstiger Zufall, dass ein bestimmtes Meteor des Schwarmes gerade auf einen Beobachter zufliegt — natürlich erreicht es ihn der Regel nach nicht, sondern verflüchtigt sich vorher —, dann sieht der Beobachter gar keine Bewegung, sondern nur einen aufleuchtenden und sofort wieder verlöschenden Lichtpunkt, ein sogenanntes **stationäres Meteor**. Der Punkt unter den Fixsternen, an dem es aufzuleuchten scheint, ist offenbar der Radiationspunkt. Andere Meteorbahnen, die nicht gerade mit der Gesichtslinie zusammenfallen, erscheinen mehr oder minder verkürzt durch die Perspective.

Die Thatsache der Radiation, die sich aus vielen Tausenden von eingetragenen Meteorbahnen unwiderleglich ergibt, beweist von neuem, dass die Meteore dem Weltraume und nicht der Erde ihren Ursprung verdanken. Welche irdische Kraft sollte auch wohl die Meteore, wenn es atmosphärische Dunstgebilde wären, alle in dieselbe Richtung hineinzwingen können? Abends um 9 Uhr am 10. August finden wir das Sternbild des Perseus tief im Nordosten; indem wir an der Achsendrehung der Erde theilnehmen, sehen wir die wohlbekannte Constellation höher und höher steigen, bis sie morgens um 4 Uhr unserem Zenith nahe ist. Währenddessen nimmt die Zahl der Meteore beständig zu; ihr Radiationspunkt bleibt unverändert derselbe; verändert freilich, wenn wir ihn mit irdischen Gegenständen vergleichen, unverändert aber, wenn wir ihn bestimmen nach den Sternen des Himmels, mit denen er auf- und untergeht.

Weil die Beobachtung einer Meteorbahn stets mit einer ziemlichen Unsicherheit verknüpft ist, hat man schon eine sehr grosse Zahl von eingetragenen Bahnen zu vergleichen, wenn man den Radiationspunkt mit einiger Sicherheit bestimmen will. Am frühesten gelang das mit den Radianten der August- und November-Meteore, weil die ersteren alljährlich ein ziemlich reiches, die letzteren alle 33 Jahre ein sehr reiches Material liefern.

Scharfsinnige Untersuchungen, die besonders von dem berühmten Schiaparelli durchgeführt wurden, haben sogar die Bewegungselemente vieler Meteorschwärme, d. h. ihre mittlere Entfernung von der Sonne, die Neigung ihrer Bahnebenen gegen die Ebene der Erdbahn und was sonst dazu gehört, mit ziemlicher Genauigkeit ergeben. Auf die bei diesen Rechnungen angewandten Grundsätze einzugehen, müssen wir uns versagen. Ein Hauptresultat ist dieses, dass einzelne Meteorschwärme in denselben Bahnen um die Sonne wandeln, wie gewisse Kometen. Für die Leoniden und Perseiden ist das zuerst nachgewiesen worden in Betreff der Kometen 1866 I und 1862 III. Von einem andern Kometen, dem Biela'schen, hat man im Jahre 1845 die Theilung in zwei Stücke und dann im Verlauf der nächsten Jahrzehnte die fortschreitende Zerstörung beobachtet. Im Jahre 1872 am 27. November kreuzte die Erde nahezu die Bahn des Biela-schen Gestirns. Ein plötzlich auftretender reicher Meteorschauer, dessen Radiationspunkt in der Andromeda lag, überraschte an diesem Abende die Astronomen. Man war durch die Trümmer des zerstörten Schweifsternes gefahren. Die Umlaufszeit des Biela'schen Kometen beträgt $6^1/_2$ Jahre; nach 13 Jahren, am 27. November 1885, mussten also dieselben Trümmer an derselben Stelle von der Erde passirt werden. Dieses Mal war man auf das Ereigniss vorbereitet, und der glänzende Sternschnuppenregen, der thatsächlich eintrat, gab einen neuen Beweis ab für die kosmische Natur der Meteore und zugleich für ihren Zusammenhang mit den Kometen. Letzterer war ja auch durch die Spectralanalyse angedeutet worden.

 Es liegt nahe, den Ring der Biela'schen Meteore als erstes, den Leonidenring als zweites und den Perseidenring als drittes Stadium des fortschreitenden Zerfalles eines Kometen aufzufassen; die Masse, welche zuerst einen einzigen grossen Körper bildete, zerstreut sich infolge innerer zerstörender Kräfte und der von aussen wirkenden Planetenanziehung nach und nach über die ganze Bahn. Doch ist dieser Schluss noch nicht ganz sicher. Das Auftreten mehrerer Radiationspunkte an einem Abende, andererseits das Fortwirken desselben Radiationspunktes während mehrerer Wochen, sowie ein paar andere auffallende Erscheinungen sind noch nicht endgiltig aufgeklärt, obschon es wohlgelungene Deutungsversuche gibt.

Jedenfalls muss die Anzahl der Meteore und auch noch die der ganzen Meteorschwärme ungeheuer gross sein. Zu gewöhnlichen Zeiten, also ausserhalb der grossen Meteorperioden, mögen nach zuverlässiger Schätzung in die gesammte Atmosphäre des Erdballs täglich leicht einige hundert Millionen Meteoriten eindringen. Die meisten derselben sind für das freie Auge unsichtbar. Viel grösser noch wird die Anzahl, wenn ein wirklicher Schwarm gekreuzt wird. Nun ist es offenbar ein besonderer Zufall, wenn ein meteorischer Ring so gelegen ist, dass er die Erdbahn kreuzt; wir haben keinen vernünftigen Grund, anzunehmen, dass die so gelegenen Ringe die einzigen sind. Also kommen wir zu dem Schlusse, dass unser ganzes Sonnensystem mit Meteoriten erfüllt ist, und dass dieselben ausserdem noch in sehr zahlreichen und dichten Ringen oder Wolken, die mit den Kometen in engem Zusammenhange sind, die Sonne umkreisen.

Die Aerolithen — um auf diese merkwürdigen Eisen- oder Steinmassen noch einmal zurückzukommen — scheinen zu den eigentlichen Meteorschwärmen nicht in näherer Beziehung zu stehen. Die Ergebnisse der Rechnungen hat man vielfach so gedeutet, dass die Schwärme dem begrenzten Raume des Sonnensystems, die Aerolithen aber noch ferneren Welten entstammen sollen. Doch scheint auch diese Frage noch nicht spruchreif zu sein.

Die allmähliche Ausbildung der kosmischen Theorie der Meteore hat unserm Begriffe von der Grösse des Weltalls einen wesentlichen Factor hinzugefügt. Man kann nicht mehr die physische Beschaffenheit eines Himmelskörpers zu ergründen suchen, ohne auf die Meteoriten Rücksicht zu nehmen. Es scheint sich auch hier bestätigen zu sollen, dass die Natur, oder sagen wir lieber die Schöpfung, in den kleinsten Dingen am grössten ist.

Regeln für die Notirung von Meteorbahnen.

Die sorgfältige Notirung von recht vielen Meteorbeobachtungen ist von hoher Wichtigkeit für die Theorie der Meteoriten. Werden glänzendere Feuerkugeln an vielen Orten notirt, so ergibt sich ausser der theoretisch interessanten Bahn vielfach auch der irdische Ort, über welchem ein Meteorit zerplatzt ist und in dessen Umgebung man also die Trümmer voraussichtlich zu suchen hat. Es ist sehr wahrscheinlich, dass auch jetzt noch viele Meteoriten niedergehen, die der Verwitterung, mindestens aber der Verschleppung und Verkennung anheimfallen.

Jedenfalls ist aber eine gut notirte scheinbare Meteorbahn für die Kenntniss der Radiationspunkte und damit für das Studium der Schwärme von Werth; das gilt für helle wie für schwache Meteore, seien sie an vielen Orten beobachtet oder nur an einem einzigen. Ausser der Bahn müssen die physikalischen Eigenthümlichkeiten der Meteore sorgfältig aufgezeichnet werden, damit man allmählich die Schwärme auch nach anderen

Gesichtspunkten als nach den Radianten zu ordnen im Stande sei. Obgleich nach diesen Richtungen viel geschehen ist, bleibt doch noch viel mehr zu thun übrig. Die Wissenschaft muss sich auf diesem Gebiete vorzugsweise an ihre Freunde im weitesten Sinne wenden; also an alle wirklich gebildeten Menschen. Das aufzubringende Material ist so umfangreich, dass der enge Kreis von Fachgelehrten, die zudem vielfach durch andere Arbeiten abgezogen werden, von vornherein darauf verzichten muss, es allein herzuschaffen. Unsere Tagesblätter bringen verhältnissmässig häufig Notizen über hellere Meteore. So löblich das wissenschaftliche Interesse ist, welches die Einsender derartiger Berichte an den Tag legen, so lebhaft ist es zu bedauern, dass die Angaben meistens ihrer Unvollständigkeit halber nicht recht zu verwerthen sind. Der freundliche Leser, welcher unseren Ausführungen über Meteore und Feuerkugeln gefolgt ist und die Wichtigkeit des Gegenstandes anerkennt, wolle sich der nachstehenden Anleitung bedienen. Als Vorlage diene der nebenstehende Abdruck aus des Verfassers eigenem Beobachtungsverzeichnisse.

Wir gehen nun an die Erklärung der einzelnen Angaben; der Leser wird daraus ersehen, dass er ohne grosse Vorkenntnisse ganz ähnliche Notizen hätte machen können.

Die Angabe des Beobachtungsortes darf nie unterbleiben. Ist dieser Ort in weiteren Kreisen nicht bekannt, so gebe man bei der Mittheilung der Beobachtungen dessen geographische Länge (nach Greenwich) und Breite an; man kann diese Zahlen leicht der Landkarte entnehmen, da eine Genauigkeit von 5 Bogenminuten im allgemeinen genügt. In einem ganz besondern Falle,

Recklinghausen 1883, Januar 8.

N	Zeit h m	Anfang α δ	Ende α δ	M	S	F	Bemerkungen.
77	17 20	226+31	237+26	5	S	gelb	
78	17 46,5	274+27	260+25	3	S	weiss	schnell.

Warendorf 1885, August 9.

94	8 52,5	333+59	301+40	1	S	weiss	rasch.
95	9 8	270+70	264+46	2		weiss	sehr rasch.
96	9 13	230+75	225+76	6		weiss	kurz.
97	9 16	198+75	175+65	5		weiss	kurz.
98	9 18	35+66	28+72	3		grün	
99	9 19	12½+60	7½+63	5			
100	9 23,5	309+45	289+14½	1	S	gelblich	schnell; Schweif blau, 1 s Dauer.
101	9 29,5	30+70	25+73	1.2	S	weiss	Schweif 1 s Dauer.
102	9 31	13+37½	22+43	4		weiss	
103	9 38	314+16	313+6	5		weiss	
104	9 38,5	346+47	346+42	2		blau	
105	9 47,5	190+85	200+70	2	S	gelb	Schweif 2 s Dauer.
106	9 54	85+86	115+77	1.2	S		Schweif 1 s Dauer.
107	9 55	220+87	170+89	2	S	blau	
108	9 59,5	350+88	210+86	6			
109	10 13	304+40	276+26	1.2	S	gelblich	Schweif 1 s Dauer.
110	10 10	30+66	20+72	2	S	weiss	Schweif 2 s Dauer.
111	10 23	18+35	29+34	5	S	weiss	schnell.
112	12 12	34+48	36+46	5	S	weiss	rasch, kurz.
113	12 23,5	295+76½	275+71½	3	S	gelblich	rasch.
114	12 28	223+66	223+60	2.3		weiss	rasch.

Warendorf 1885, August 10.

115	8 18			F	S	goldig	In halber Zenithhöhe aus NE., schräg zum Zenith. Schw. 10 s D.
116	8 49	200+40	200+28	1.2	S	weiss	rasch.
117	8 51	357+32	347+25	1	S	blau.	
118	9 1	30+89	265+65	2	S	weiss	
119	9 4,5	268+52	258+66	3	S	weiss	
120	9 10,5	51+48	53+45	1		röthlich	kurz.
121	9 14	80+87	200+75	6		weiss	
122	9 15	26+63	341+65	2	S	bläulich	
123	9 17	130+78	180+65	2	S	weiss.	

über den weiter unten geredet werden soll, muss die Lage des Beobachtungsortes so deutlich vermerkt sein, dass der Beobachter sich später genau an dieselbe Stelle begeben kann (vgl. S. 42—43).

Bei der Beobachtungszeit kommt es natürlich zunächst auf **Jahr** und **Datum** an. Werden dieselben nicht sofort nach der Beobachtung notirt, so kann das Gedächtniss trügen. **Ueberhaupt ist es bei Beobachtungen, die wissenschaftlichen Werth haben sollen, nicht gestattet, sich auf das Gedächtniss zu verlassen.** Theilt man die Beobachtung einem Fachmann oder einer Zeitschrift mit, so schreibe man nicht „vorgestern" oder „Donnerstag", sondern etwa „den 27. Februar 1890".

Die mit N überschriebene Spalte des vorliegenden Verzeichnisses enthält die laufende Nummer der Beobachtung. Wer ein regelmässiges Verzeichniss anlegt, darf diese Spalte, welche die Uebersicht sehr erleichtert, nicht weglassen. Will man die Beobachtung eines voraussichtlich stärkern Schwarmes unternehmen, so ist die erste Spalte auf dem mitzunehmenden eingetheilten Papier schon vorher auszufüllen. Mehrere angespitzte Bleistifte sind mitzubringen. Harte Stifte dienen zum Schreiben, weiche zum Zeichnen.

Die zweite Spalte gibt die **Uhrzeit des Ortes.** Wo keine astronomisch regulirten Chronometer zur Verfügung stehen, d. h. an den meisten Orten, hat man die Uhr nach der nächsten zuverlässigen Post- oder Bahnhofsuhr (in Grossstädten nach der Normaluhr) zu richten.

Die Astronomen beginnen den Tag mit dem mittleren Mittage und zählen dann bis zum nächsten Mittage die Stunden weiter; 0^h ist 12 Uhr mittags; 13^h, 17^h, 20^h ist 1, 5, 8 Uhr morgens nach bürgerlicher Zeit. Die Beobachtungen Nr. 77 und 78 unseres Verzeichnisses wurden also, nach bürgerlicher Zeitrechnung, in der Frühe des **neunten** Januar angestellt, und zwar die erste um 20 Minuten nach 5 Uhr. — Vor Datumverwechslungen hüte man sich in diesem Falle ganz besonders!

Die mit „Anfang" und „Ende" überschriebenen Colonnen enthalten die eigentlichen Meteorbahnen, d. h. die Endpunkte der von den Meteoren scheinbar am Fixsternhimmel gezogenen Linien. Der Leser weiss, dass diese Linien uns die Bestimmung der Radiationspunkte ermöglichen und dass sie ferner in Verbindung mit den Zeitangaben die Richtungen der Endpunkte so genau festlegen, dass aus zwei correspondirenden Beobachtungen an verschiedenen Orten die wahre Bahn abgeleitet werden kann. Daher sind diese Spalten einer Beobachtungsreihe von grösster Wichtigkeit.

Die Endpunkte der Bahn liegen auf der scheinbaren Himmelskugel. Es ist dem Leser bekannt, dass die Lage eines Ortes auf der Erdkugel durch zwei Zahlen bestimmt wird, von denen die erste die östliche geographische Länge des Ortes, gemessen von einem bestimmten Nullmeridian ab, die andere seine geographische Breite angibt. Nachstehendes Täfelchen gibt s. B. die Lage von drei bekannten Orten an, wobei die Längen auf Ferro bezogen sind.

Ort	l	b
Bonn	25^0	$+ 51^0$
Paris	20	$+ 49$
Rio	335	$- 23$

Die Zeichen „$+$" und „$-$" bedeuten hier keine Addition oder Subtraction, sondern die Lage eines Ortes nördlich oder südlich vom Aequator.

Jede der beiden mit „Anfang" und „Ende" bezeichneten Spalten der Beobachtungsreihe enthält nun ähnliche Zahlenpaare, wie die drei für Bonn, Paris und Rio gegebenen. In der That denken sich die Astronomen die Himmelskugel mit einem ganz ähnlichen Gradnetze überzogen, wie die Erdkugel. Der irdische Aequator bestimmt eine Ebene, die Aequatorebene; wenn wir dieselbe erweitern bis zu den Sternen, so bestimmt sie an der scheinbaren Himmelskugel einen grossen Kreis, den Himmelsäquator. Derselbe durchschneidet z. B. die Sternbilder des Orion und des Adlers. Die Winkelentfernung eines Sternes von diesem Aequator, die also der geographischen Breite auf Erden entspricht, heisst am Himmel Declination. Für den bekannten Fixstern Sirius ergibt sich z. B. die Declination zu beinahe -17^0 (17^0 südlich), für Prokyon im Bilde des kleinen Hundes zu beinahe $+6^0$ (6^0 nördlich). Die Erdachse, welche nach einem mechanischen Gesetze bei der Bewegung des Erdballs um die Sonne sich stets ungefähr parallel bleibt, schneidet die Himmelskugel im Nordpol und Südpol des Himmels, deren Declinationen offenbar $+90^0$ und -90^0 sind. In der Nähe des erstern Punktes liegt bekanntlich der Stern α im kleinen Bären; dieser Stern wird darum der Polarstern genannt.

Was setzt man nun anstatt der geographischen Länge an der Himmelskugel? Den Meridianen, d. h. den durch die Erdpole gelegten Hauptkreisen entsprechen die Declinationskreise, d. h. die durch die Himmelspole gelegten Hauptkreise. Hier wie dort handelt es sich um die Wahl eines Anfangskreises. Als solchen wählt man den Declinationskreis des Frühlingspunktes. Der Leser kann die Declinationskreise leicht auf einer guten Sternkarte finden. Hat die Karte den Nordpol des Himmels zum Mittelpunkte, so erscheinen die Declinationskreise als gerade Linien, die in diesem Punkte zusammenlaufen. Sie werden durchsetzt von einem System kleiner Kreise, der Parallelkreise. Den Declinationskreis des Frühlingspunktes kann man leicht finden; er geht nahe an den Sternen β *Cassiopeiae* (d. h. β im Sternbilde der Cassiopeia) und α *Andromedae* vorbei. In der Richtung, in welcher Mond und Sonne weiter gehen — der Mond wirklich, die Sonne nur scheinbar —, zählt man von diesem Kreise an die Rectascensionen der Gestirne; so heissen nämlich die Winkel, welche den irdischen Längen entsprechen. Diese Rectascensionen gehen also gleich den Längen bis 360°, während die Declinationen gleich den Breiten nur bis + 90° oder — 90° gehen.

Bekanntlich gibt man die geographischen Längen auch wohl in Zeitmass an. Washington hat 276° östliche Länge von Köln. Die Erdkugel dreht sich in 24^h Sternzeit um ihren ganzen Umfang, d. h. um 360° weiter; also in 1^h um 15°, in 4^m um 1°. Für eine Drehung von 276° werden also 276° × 4^m = 18^h 24^m erfordert. Also gehen die Uhren von Washington den Kölner Uhren um 18^h 24^m vor. Aehnlich am Himmel. In + 7° Decl. und 130° Rectasc. finden wir den Stern ε *Hydrae* (ε in der Wasserschlange). Wir können auch sagen, die Rectascension dieses Sternes betrage 130 × 4^m = 520^m = 8^h 40^m.

Eine gute Sternkarte soll beide Eintheilungen enthalten; benutzt wird beim Notiren von Meteorbahnen am besten nur die Gradeintheilung. Wo nur die Zeittheilung angebracht ist, da kann man die Gradeintheilung leicht nachtragen; 1^h = 15°; 17^h = 255° u. s. w.

Notirt man eine Meteorbahn, so muss man auch angeben, für welches Jahr die Sternkarte gilt, im

Zweifel mindestens das Erscheinungsjahr der Karte im Buchhandel. Die Erdachse und damit die Aequatorebene ändert nämlich ihre räumliche Stellung innerhalb grösserer Zeiträume sehr merklich, und das zieht eine Aenderung der Rectascensionen und Declinationen nach sich. Dieselben gelten daher nur für eine bestimmte Zeit; die in unserem Verzeichnisse z. B. für 1855, auf welches Jahr mehrere wichtige Kartenwerke bezogen sind.

Wir wollen nun an einem bestimmten Meteor, nämlich an Nr. 117, die Art des Notirens zeigen. Der Beobachter des Osthimmels hatte um $8^h 51^m$ seinen Blick auf das ihm wohlbekannte „Viereck des Pegasus" gerichtet, eine der auffallendsten Sterngruppen am nördlichen Himmel. Die obere Seite dieser quadratähnlichen Figur wurde von dem hellen Stern α *Andromedae* (links) und dem etwas schwächern und zudem veränderlichen rothen Stern β *Pegasi* gebildet. Ein Meteor erster Grösse leuchtete über dieser Seite auf und durchschnitt dieselbe von links nach rechts, um in dem Viereck zu erlöschen, und zwar auf der Linie, welche β und γ *Pegasi* verbindet, jedoch 5mal weiter von dem letztern Sterne entfernt. Die vor ihm liegende Karte hatte der Beobachter so gerichtet, dass die quadratische Figur dieselbe Lage hatte, wie am Himmel; man muss dieses Richten von Zeit zu Zeit, etwa viertelstündlich, wiederholen, weil die Sterne auf- und untergehen. Ausser den Beobachtern war ein Schriftführer zugegen, der die Listen und die Uhr vor sich liegen hatte. Unser Beobachter rief, als er das Meteor sah: „Ost!" Der Schriftführer blickte auf die Uhr, setzte neben die noch freie Nummer 117 die Zeitangabe $8^h 51^m$ und rief dem Beobachter die Nummer zu. Dieser trug die Bahn in seine Sternkarte ein, bezeichnete den Endpunkt mit einer Pfeilspitze (nie vergessen!) und setzte an diese die Zahl 117. Dann gab er dem Schriftführer die nachher zu besprechenden Dinge an, nämlich die Grösse, Schweifbildung und Farbe. Die Rubriken „Anfang" und „Ende" wurden am Beobachtungsabend einfach leer gelassen; am andern Tage jedoch suchte man auf den benutzten Sternkarten die einzelnen Bahnen nach den Nummern zusammen; das Gradnetz ergab nun für den Anfangspunkt von Nr. 117 die Rectascension — im Verzeichniss mit α bezeichnet — ohne weiteres zu 357^0, die Declination desselben Punktes zu $+32^0$; für den Endpunkt ergab sich ebenso $\alpha = 347^0$, $\delta = 25^0$. Wenn der Leser die angegebenen Punkte auf der Karte sucht, so wird er finden, dass die Sternschnuppe in der vorhin beschriebenen Weise in das Viereck des Pegasus hineinfuhr. Der Leser versuche auch die übrigen Bahnen des mitgetheilten Auszuges auf der Karte wiederherzustellen.

Folgende Kartenwerke sind zu empfehlen: Heis, *Atlas coelestis novus*. Coloniae 1872. Etwas kostspielig, aber zum Studium des gestirnten Himmels überhaupt, wozu das Beobachten der Meteore eine vortreffliche Vorübung ist, warm zu empfehlen. Das Werk enthält eine classische Darstellung der Milchstrasse (M. 24). — Houzeau, *Atlas de toutes les étoiles visibles à l'oeil nu*. Mons 1878. *H. Manceaux, imprimeur-éditeur*. Ist wesentlich wohlfeiler (M. 5) und enthält gleichfalls eine gute Milchstrassenzeichnung. — Messer, Sternatlas für Himmelsbeobachtungen. St. Petersburg 1888. In 4^0 oder 8^0. In letzterem Format sehr handlich; für Meteorbeobachtungen ganz geeignet (Gradeintheilung nachzutragen), nur nicht für systematische Beobachtungen grosser Schwärme (M. 10). — Ein „*Vademecum astronomi*" mit mehreren Sternkarten und einer ausführlichen Anleitung zum Beobachten hat der Verfasser dieser Zeilen herausgegeben (Paderborn 1889. M. 3). — Besondere Karten sind ausserdem von verschiedenen Seiten herausgegeben worden.

Es kommt vor, dass wir ein helles Meteor in der Dämmerung (selten sogar bei Tage) aufleuchten sehen, auch wohl am theilweise bewölkten Himmel, der eine Uebersicht der Fixsterne nicht gestattet. Solche Meteore werden natürlich in der Regel zufällig beobachtet. Die Festsetzung der scheinbaren Bahn kann auch hier mit leidlicher Genauigkeit ausgeführt werden, wie nachstehendes Beispiel zeigt. Wir sehen zu Anfang des Octobers auf einem Spaziergange $6^h\ 20^m$ ein Meteor aufleuchten. Wir bleiben sofort stehen, prägen uns den Verlauf der Erscheinung ein und notiren alles wie sonst. Was aber die scheinbare Bahn angeht, so merken wir uns ihre Lage zu benachbarten **irdischen** Gegenständen, schreiben daher etwa folgendes auf: $6^h\ 20^m$: weisse Feuerkugel mit 2 s zurückbleibender zersplitternder, rother Schweifspur taucht über der hohen Fichte ungefähr in doppelter Höhe derselben über dem Erdboden auf, geht mit 45^0 Neigung gegen den Horizont nach links herunter, erlischt funkensprühend zwei Mondbreiten links von dem niedrigeren Schornstein des Meyer'schen Hauses. — Dann wird eingetragen, wo der Beobachter stand, etwa: „dort, wo die von der hohen Fichte zum Chausseestein 2,3 gezogene Linie die vom Schornstein der Brennerei zur Signalstange der Eisenbahn gezogene Linie schneidet".

Man begibt sich nun später zu einer beliebigen Zeit, jedoch bei klarem Nachthimmel, genau an die Beobachtungsstelle zurück und fragt sich: „Wenn jetzt ein Meteor erschiene und in Bezug auf die irdischen Gegenstände denselben Weg machte wie das neulich beobachtete — wie würde dieses Meteor zwischen den Sternen einherzugehen scheinen?" Man trägt nun die Bahn dieses erdachten Meteors auf der Karte ein und theilt die Endpunkte der Bahn, sowie die wahre Beobachtungszeit und die Zeit des Eintragens mit. Ein Fachmann kann mit leichtester Mühe aus diesen Angaben die scheinbare Bahn herstellen.

Die Angabe nach Himmelsgegenden, wie bei Nr. 115 (NE. heisst Nordost), bietet keine grosse Genauigkeit.

Die mit M überschriebene Spalte gibt die scheinbare Grösse (nach Sterngrössen) an. Erreicht ein Meteor erster Grösse die gewöhnliche Helligkeit des Planeten Jupiter, so wird J. statt der 1 in die Rubrik gesetzt; V. bedeutet Venushelligkeit. Meteore, welche die Helligkeit der Venus im grössten Glanz übertreffen, z. B. das in der Dämmerung sichtbar gewordene Meteor Nr. 115, werden mit F. als Feuerkugeln bezeichnet.

In die mit S überschriebene Spalte wird bei geschweiften Meteoren jedesmal ein S gesetzt.

Die Spalte mit F enthält die Farbenbeobachtung. Bei sehr schwachen Meteoren (Nr. 99, 108) ist dieselbe nicht möglich.

Die letzte Spalte enthält alles, was dem Beobachter sonst noch aufgefallen ist.

Man theile seine Beobachtungen einer Stelle mit, an welcher sie einer entsprechenden Verwerthung sicher sind. Von den Sternwarten kommt vorzüglich die k. k. Sternwarte zu Wien in Betracht. Der Verfasser ist gleichfalls zum Sammeln brauchbarer Notizen bereit. Angaben über sehr helle Meteore (V. und F.) theile man den grösseren Tagesblättern mit. Von Zeitschriften, welche auffallendere Beobachtungen veröffentlichen, ist uns die „Praktische Physik" (Magdeburg, A. und R. Faber) bekannt.

Ist die Bahn eines Meteors merklich gekrümmt, so gibt man ausser den Endpunkten noch einen mittlern Punkt an, am besten in den „Bemerkungen".

Die scheinbare Grösse vergleiche man mit der des Vollmondes. Angaben nach irdischen Gegenständen sind unsinnig. Bleibt der Schweif zurück, so zähle man (nicht zu schnell!) die Sekunden.